LE C.^{TE} LALLY DE TOLENDAL.

GALERIE UNIVERSELLE.

LE COMTE LALLY DE TOLENDAL.

La vie & la mort du Comte de Lally, feront une époque remarquable & inftructive dans l'hiftoire de notre fiècle; elles montreront combien, fous un Gouvernement arbitraire, l'infubordination peut faire naître de maux & de crimes, & la vérité devient difficile à connoître; elles rappelleront à tous les cœurs fenfibles cet héroïfme de la piété filiale, fortifiée & épurée par les traverfes, qui, d'un jeune guerrier,

A

a fait l'émule des Orateurs d'Athènes & de Rome. En recueillant tous les traits de cette vie trop mémorable, en les réunissant dans un court tableau, avec l'impartialité févère de l'Hiftorien, peut-être fçaurons-nous mieux fixer l'opinion que ne l'ont pu faire de longues & d'incidieufes difcuffions qui égarent l'efprit, ou le tiennent en défiance. Nous oferons cependant y mêler les fleurs que la main religieufe d'un fils eft venu offrir à ces mânes infortunées ; elles ne pourront parer de fauffes couleurs des récits revêtus d'une authenticité fi folemnelle. Ames vertueufes, elles vous feront aimer & admirer cet amour filial, quand le père même vous paroîtroit encore coupable ; elles vous feront gémir fur le fort de ceux qui, armés de la féverité des Loix, ont cru devoir frapper d'infamie, & détruire ce monument que les générations futures contempleront avec refpect & attendriffement (1).

Sir Thomas Lally de Tolendal, connu fous le nom de Comte de Lally, étoit d'une famille ancienne

---

(1) Les Mémoires du Comte de Lally fils, ont été lacérés & brûlés par la main du Bourreau, en vertu de l'Arrêt du Parlement de Dijon, du 23 Août 1783.

d'Irlande, d'un père qui, ayant suivi la fortune de ses Rois détrônés, avoit été proscrit, dépouillé de ses possessions, & put à peine, dans le sein de la France, échapper à l'animosité Angloise. Le jeune Lally adopta la France pour sa Nation, & hérita de la haine de son père contre l'Angleterre, puisqu'il refusa de prévenir le temps de la prescription pour rentrer dans ses biens, en renonçant au service de sa nouvelle Patrie (1). Il fut Soldat presque en naissant. Elevé au milieu des camps, il en contracta la rudesse & la franchise qui, avec un caractère sévère & décidé, le rendirent peu propre au manège de la Cour, à gouverner des hommes dont il falloit paroître ignorer ou tolérer les injustices. Telles furent les principales causes des malheurs du Comte de Lally.

Doué par la nature d'une constitution vigoureuse, d'une imagination vive, d'un coup-d'œil surprenant, d'une facilité & d'une mémoire prodigieuse, actif, laborieux, pénétrant ; il joignit à tous les exercices du corps ceux de l'esprit ; il joignit à l'étude de son métier, celle de presque toutes les sciences ; il

---

(1) On voit sur le registre des forfaitures de Dublin, en 1703, onze terres confisquées, telles que *Tollendal*, *Dallymote*, *Drien*, &c.

voyagea pour s'inſtruire ; il apprit preſque toutes les langues de l'Europe; il connut les mœurs, les intérêts & l'hiſtoire de tous les peuples. Un travail étoit pour lui le délaſſement d'un autre travail.

On le vit jeune encore, faiſant les fonctions de Major Général, dans un camp tenu près de Spire, commander ſucceſſivement en Anglois, en Allemand & en Italien, aux troupes de ces différentes Nations; leur faire exécuter les mouvemens les plus compliqués, avec autant de juſteſſe que de célérité, & étonner par ſa préciſion & ſon activité, les Officiers généraux, témoins de ſes manœuvres.

On le vit ſervir au ſiége de Kell en 1733; à l'attaque des lignes d'Ettengen ; au ſiége de Philiſbourg en 1734; à l'affaire de Clauſen en 1739 ; on le vit dans une de ces campagnes, ſe précipiter au devant de ſon père bleſſé, &, prêt à ſuccomber, le couvrir de ſon corps, foncer ſur les ennemis, pour détourner leur attention & leurs coups, & ſauver tout à la fois la vie & la liberté de celui à qui il devoit le jour. L'on eut bientôt jugé qu'il avoit autant de courage pour exécuter, que de capacité pour entreprendre.

On vit enſuite qu'il joignoit à des connoiſſances Militaires, des connoiſſances politiques : dès lors, il devint précieux pour le Ministère. Il ne le fut pas moins pour cette Maison, la plus malheureuse de celles qui ont régné ; elle lui donna toute sa confiance, & il ne se forma plus contre la Puissance rivale, aucun projet, dans aucun coin de l'Europe, dont Lally ne fût l'ame, & souvent l'auteur.

En 1737, il fut chargé d'une négociation secrette en Pologne & en Russie. Il ne fut pas de moyens qu'il n'imaginât, point de dangers qu'il n'affrontât pour réussir, & il réussit. Le Maréchal de Belleisle citoit les dépêches de M. de Lally, comme un modele de dépêches.

En 1742, il servit à la défense de la frontière de Flandres. Il combattit à Dettingen en 1743, Aide-Major-Général de l'armée après le désastre de cette journée, où la victoire avoit paru fixée par un des plus grands Généraux que la France ait eu, & où la témérité d'un seul homme, aussi imprudent que courageux, fit perdre le fruit des plus belles dispositions, ce Général délibéra avec son Etat-Major, sur les mesures à prendre, & sur la position qu'il falloit donner à l'armée. Au milieu du tumulte & de la précipitation inséparable d'un tel évènement, on étoit sur le point d'embrasser un avis spécieux ;

mais qui couvroit le danger. Le Comte de Lally s'y oppofa fortement. On revint à fon opinion; & ce Général, que le Maréchal de Saxe appelloit fon Maître, rendit hautement à Lally le témoignage *qu'il avoit fauvé l'armée.* Le Duc de Choifeul répétoit encore, au moment de fon fupplice, avec amertume, & en levant les yeux au Ciel. « L'homme à qui l'on » va trancher la tête, a fauvé l'armée Françoife à » Dettingen ».

Aide-Maréchal des Logis de l'armée de Flandres, en 1744, il fervit au fiége de Menin, d'Ypres & Furnes; marcha de Flandres en Alface; combattit à l'affaire d'Auguenum, fe montra par-tout avec tant de diftinction, que les Généraux fe difputèrent à qui l'auroit fous fes ordres. Le Comte de Segur le demanda inftamment pour Maréchal-général des Logis de l'armée qu'il alloit commander en Baviere, & le Maréchal de Noailles déclara *qu'il ne s'en fépareroit pas.*

Au mois d'Octobre de la même année, on créa pour lui un Régiment de fon nom. Il le difciplina en quatre mois, & le mena au fiége de Tournay en 1745. Lors de la bataille de Fontenoy, on l'avoit d'abord défigné pour refter dans les lignes; il fe jetta aux genoux du Maréchal de Saxe pour obtenir la révocation de cet ordre; il l'obtint, & l'on n'eut pas lieu de s'en repentir.

La veille de l'action, il rendit un service qui, sans être éclatant, étoit sans doute un des plus importans qu'on pût rendre. Il y avoit d'Authoin à Fontenoy, un chemin creux pendant environ quatre cents toises. Le Maréchal de Saxe, qui n'en avoit visité que le commencement, & à qui l'on avoit dit, que la totalité en étoit impraticable, avoit fait ses dispositions en conséquence. Mais Lally l'ayant reconnu lui-même, découvrit que ce chemin, d'abord creux & profond, devenoit bientôt très-uni, qu'il continuoit à l'être jusqu'à Fontenoy, & que l'armée seroit infailliblement percée par cet endroit. Il le fit voir à M. de Cremilles, & courut, avec lui, avertir le Maréchal de Saxe. Le Maréchal y alla lui-même : vous avez des yeux qui voyent, dit-il à Lally, &, sur le champ, il y fit construire trois redoutes, auxquelles le Maréchal de Noailles joignit un redan, y fit placer seize pièces de canon, & changea entièrement ses premières dispositions.

On sçait que les troupes Irlandoises décidèrent du succès de cette fameuse journée, & le Comte de Lally eut spécialement le bonheur d'y contribuer. On connoît l'avis qu'il ouvrit dans l'instant le plus critique, qu'il communiqua d'abord au Lord Clare, & à la Brigade de Normandie ; qu'il adressa ensuite à un des Généraux, courant de rang en rang, & qui fut adopté. On n'a pas oublié cette harangue qu'il fit à ses Soldats : « Songez que ce n'est pas seulement » contre les ennemis de la France, que c'est contre » vos propres ennemis, que vous allez combattre, » & ne tirez pas un coup de fusil que vous n'ayez » la pointe de vos bayonnettes sur leur ventre ». On sçait qu'aussi-tôt il fondit, en chantant, sur le flanc de cette fameuse colonne Angloise, & pénétra si avant, qu'un grand nombre de ses Soldats furent tués par les Carabiniers François. Après la bataille, il étoit environné des restes mutilés de son Régiment, entre son Lieutenant-Colonel qui avoit un œil presque fendu, & son Major qui avoit un genoux fracassé ; lui-même, quoique légèrement, étendu avec eux sur ses tambours, & ayant à ses côtés quelques Officiers Anglois qu'il avoit fait prisonniers, & qu'il avoit secouru après les avoir blessé de sa main. Monsieur le Dauphin accourut à lui, & se hâta de lui annoncer

les

les bienfaits du Roi. A l'inſtant même, le Roi le fit appeller à la tête de l'armée, & le nomma Brigadier fur le champ de bataille.

Du camp de Fontenoy, le Comte de Lally retourna auſſi-tôt à la tranchée de Tournay, d'où il écrivoit : « J'ai devancé l'armée ce matin, pour monter la » tranchée. Hier, une bataille & une bleſſure ; » aujourd'hui, quatre lieues & vingt-quatre heures » de tranchée ; cinq jours fans quitter mes bottes & » mon habit ; trois nuits à la belle étoile ; deux jours » au pain fec & à l'efcubac pour toute nourriture, » & cependant je vous écris deux pages.... C'en » eſt aſſez, le bruit du canon me diſtrait, & je ne » fuis pas aſſis à mon aife, pour vous donner un auſſi long détail que je le defirerois ». Et il annonce la gloire qu'il s'eſt acquife, & les diſtinctions dont le Roi l'a honoré par cette modeſte phrafe : « Le Roi » a témoigné à la brigade Irlandoife, & en particulier, » à Mylord Clare, & à votre ferviteur, qu'il étoit » content de nous ; & vous ne feriez pas mal, en » m'écrivant, d'adreſſer *à M. de Lally, Brigadier* » *des armées du Roi* ». L'ivreſſe de la gloire & des honneurs, laiſſoit encore fon cœur fenſible aux traits de l'amitié. « Ma joie ne peut être parfaite,

B

» ajoutoit-il, la mort du Chevalier Dillon y mêle une
» amertume que je sentirai long-temps ».

Un mois après cet évènement mémorable, dans le temps où le petit-fils de Jacques II abordoit en Ecosse, & tentoit de remonter au trône de ses ancêtres, Lally imagina d'envoyer une armée de dix mille François à son secours. Employé aux siéges d'Oudenarde, de Dendermonde, d'Ath, il consacra sans réserve, à rédiger son nouveau projet, tous les moments de liberté que lui laissa son service. Dès que la campagne fut finie, il courut le proposer à Versailles, & ne se donna point de repos, jusqu'à ce qu'il l'eût fait adopter par la Cour. L'exécution en fut arrêtée entre lui, le Ministre de la Guerre & des Affaires étrangères. L'embarquement fut fixé au mois de Janvier l'année suivante. Le 20 Décembre, le Duc de Richelieu fut nommé Général, & le Comte de Lally Maréchal-Général des Logis de l'armée qui devoit passer en Angleterre. Jamais projet n'avoit été suivi avec plus d'ardeur. Presque au même instant, le Comte de Lally parut à Versailles, à Boulogne, à Calais, en Flandres, faisant toutes les dispositions, pressant les travaux & les préparatifs, y présidant lui-même. Des causes secrettes firent échouer cette entreprife dont le fuccès étoit infaillible ; ce fut alors que cet homme célèbre, à qui il avoit été donné d'embraffer toutes les connoiffances, Voltaire ayant travaillé plus d'un mois par ordre du Gouvernement à ce projet avec Lally, n'a ceffé de dire de lui *des mœurs douces, un courage d'efprit opiniâtre, un zèle, une audace capable d'exécuter de grandes entreprifes.*

Lally, trompé dans fon efpoir, mais réfolu de fervir, à quelque prix que ce fût, la caufe de fes anciens Maîtres, paffa feul en Efpagne, pour y folliciter les fecours que la France avoit promis & refufés. Il alla enfuite déguifé jufqu'à Londres, travaillant par-tout à groffir le parti, & à applanir les routes du Prince Edouard. On le découvrit ; il eut ordre de fortir du Royaume dans trois jours. A peine l'ordre étoit-il donné, que des Meffagers d'Etat vinrent le prendre, & le conduifirent jufqu'à Portsmouth. Il ofa retourner à Londres. On le découvrit encore ; fa tête fut mife à prix. La maifon qu'il occupoit fut de nouveau affiégée par les Meffagers d'Etat ; il s'échappa par une porte de derrière, habillé en Matelot ; fut arrêté au milieu de la campagne, par une troupe de contrebandiers qui avoient befoin d'un Matelot ; entendit l'un d'eux, au bout de soixante pas, proposer à ses camarades de chercher le Colonel Lally, pour gagner la somme promise à qui le livreroit. Heureusement l'avis ne fut pas adopté. Ils le forcèrent de s'embarquer avec eux, furent pris par un bâtiment François, & conduits à Boulogne, où il fut reconnu, & arraché au danger qu'il couroit depuis si long-temps.

Vers la fin de cette année, il accompagna à Dresde, ainsi que M. de Vioménil, le Duc de Richelieu, chargé d'aller faire la demande de la Princesse de Saxe, pour M. le Dauphin. Il plut à cette Cour, & y reçut des distinctions flatteuses. Mais au milieu des fêtes continuelles qui remplirent le cours de cette ambassade, il sçut consacrer la plus grande partie de son temps au travail. Souvent il s'échappoit du milieu d'un spectacle, ou d'un bal, pour se livrer à l'étude, ou s'enfermer avec un homme de Lettres, dont les ouvrages ont peint tout-à-la-fois une ame forte & sensible, ont montré une philosophie sage & une profonde connoissance du cœur humain. La Politique, la Législation, la Morale, la Littérature de tous les temps & de tous les pays, étoient le sujet de leurs recherches & de leurs entretiens. L'homme de Lettres philosophe, voyoit avec étonnement une érudition auſſi vaſte, & un goût auſſi sûr dans un homme nourri au milieu des armes.

Au mois de Mai 1747, el Duc de Cumberland entreprend de former le ſiége d'Anvers, & déjà il avoit fait faire des faſcines, & avancer ſon gros canon. Le Maréchal de Saxe qui ſentoit toute l'impportance de cette place, réſolut de ne confier ſa défenſe qu'à des Officiers éprouvés. Le Maréchal de Lowendal fut envoyé à la tête de huit bataillons, pour commander dans l'intérieur de la Ville, avec le Comte d'Hérouville. Le Comte de Lally, à la tête de ſix bataillons & de quatre autres diviſions, fut chargé de couvrir & de défendre la flèche de Lowendal, la flèche de Saxe, la flèche Maréchal, le camp retranché ſur le haut Eſcaut, & généralement toute la droite des ouvrages extérieurs ; tandis que le Comte de Vaux & M. de Bombelles garderoient & défendroient, l'un le centre, & l'autre la gauche. Le Duc de Cumberland, effrayé de ces diſpoſitions, abandonna ſon projet, & lorſqu'il n'y eut plus à craindre pour Anvers, le Comte de Lally fut appellé auprès du Maréchal de Saxe qui, juſqu'au ſiége de Berg-op-Zoom, ne ceſſa de le détacher pour des opérations particulières. *Dormons tranquilles, Lally est à l'ennemi,* disoit alors ce Général.

Après la bataille de Lawfeld, où les troupes Irlandoises eurent aussi l'honneur de contribuer efficacement à la victoire, Lally, dont le Régiment avoit encore été écharpé, fut demandé par le Comte de Lowendal, pour l'accompagner au siége de Berg-op-Zoom. Jouissant de la confiance intime de ce grand homme, Maréchal Général des Logis de son armée, il fut détaché en avant pour chasser les ennemis de Santuliet, d'où ils se disposoient à inquiéter nos opérations; après un jour de marche, il battit, avec douze cents cinquante hommes, un détachement de dix-sept cents, emporta le fort, fit élever sur la digue de Santuliet des batteries de canons & de mortiers, qui barrèrent entièrement l'Escaut, & qui coupèrent toute communication entre la Hollande & les trois forts de Lillo, Frédéric-Henri & la Croix. Quatre jours après, il rencontra un parti de Hussards, le battit, le tailla en pièces, & ne perdit que six hommes. Le soir, la tranchée fut ouverte; il la monta le sur-lendemain. Les assiégés, après avoir fait sans relâche le feu le plus vif depuis l'entrée de la nuit jufqu'à une heure du matin, le cefsèrent tout-à-coup, & firent une fortie vigoureufe pour combler la droite de la parallèle; il les culbutta & les mit en fuite, de concert avec MM. de Blet & de Bulon, qui commandoient avec lui. Il fut encore nommé pour monter la tranchée à cinq différentes reprifes; tantôt avec MM. de Blet & de Bulon; tantôt avec MM. de Saint-Germain, de Montbarrey, de Perth & de Bombelles; la troifième fois, il fit diriger les bombes de manière qu'elles mirent le feu à la Ville, & que l'incendie dura toute la nuit. Commandé ou non, il ne paffa jamais vingt-quatre heures fans vifiter les travaux. Pendant deux mois que dura le fiége, on le vit, jour & nuit, toujours occupé, toujours agiffant, toujours expofé; tantôt à la tranchée, tantôt en détachement, fe multipliant pour exécuter, & les différens ordres qu'il recevoit du Comte de Lowendal, & les différens projets qu'il lui faifoit agréer; fe donnant à peine le temps de prendre, à la hâte, un peu de repos & de nourriture. L'affaut réfolut, il fit la difpofition de l'attaque, que le Comte de Lowendal approuva & ordonna. Ce Général fe fit une gloire, pendant tout le cours du fiége, de témoigner hautement la confiance qu'il avoit dans le Comte de Lally, & la part qu'il lui avoit donnée dans tous ses travaux, & le Ministre de la Guerre lui avoit écrit sur ces entrefaites : « Le Roi est d'autant plus sûr du succès » du siége, qu'il sçait que vous contribuez à en diriger » les opérations, & je n'attends que ce succès pour » vous faire part des graces de Sa Majesté ».

Les ennemis de la France s'accordoient avec ses Généraux & ses Ministres, pour donner à leur ennemi personnel des éloges aussi distingués. Ils voyoient en lui, par sa conduite à Fontenoy & à Berg-op-Zoom, un de nos meilleurs Officiers (1).

Berg-op-Zoom pris, il fut chargé d'assiéger les forts Frédéric, Lillo & la Croix. Il ouvrit la tranchée devant la première de ces trois places, & elle capitula le 6 Octobre. Les Hollandois tentèrent vainement d'y faire entrer des vivres par eau ; les batteries qu'il avoit placées sur les bords de l'Escaut, forcèrent les barques d'arriver à terre, où elles furent prises & conduites à Santuliet.

Il fut ensuite fait prisonnier, s'étant hasardé seul à reconnoître le terrain pour suivre ses opérations. Le Maréchal de Saxe, qui craignoit l'animosité des

---

(1) *The universal Museum jure* 1766.

Anglois,

Anglois, envoya sur le champ un Trompette au Général ennemi, menaçant d'user de représailles sur les prisonniers qu'il avoit en son pouvoir. On lui fit répondre *que M. de Lally étoit ennemi des Anglois; mais que les Anglois étoient amis du mérite, & que, par conséquent, M. de Lally étoit au milieu de ses amis.*

Ayant été échangé au commencement de la campagne suivante, il fut aussi-tôt employé; & après avoir contribué, sous les ordres du Marquis de Contades, à couvrir les deux fameux convois destinés pour Berg-op-Zoom, il servit au siége de Mastricht. Il y partagea les travaux, les dangers, la gloire, les récompenses de M. de Cremilles. Le jour même que la Ville fut prise, l'un fut fait Lieutenant-Général, & l'autre, Maréchal de Camp. C'est sans doute un témoignage honorable pour le Comte de Lally, que celui de l'union qui avoit existé, dès long-temps avant cette époque, entre lui & M. de Crémilles, qui n'a jamais pu être altérée; le Comte de Lally l'appelloit *son cher Maître* dans la partie qu'il avoit poussée à un si haut degré de perfection. Le Maître s'est toujours glorifié de son disciple; devenu Ministre, il n'a pas oublié, ni l'intérêt qu'il devoit à son ami malheureux, ni la juſtice qu'il devoit à un brave ſerviteur du Roi, perſécuté.

La priſe de Maſtricht termina tout-à-la-fois la campagne & la guerre. Le Comte de Lally profita de la paix pour faire un voyage en Angleterre, toujours dans la vue d'être utile à ſes anciens Maîtres ; cependant, il ſe montra à découvert, prétextant la réſolution de rentrer dans les domaines qui avoient été confiſqués illégalement à ſon père. Le Roi d'Angleterre voulut le voir, & déjà le jour de ſa préſentation étoit fixé; mais le Duc de Cumberland s'y oppoſa, en repréſentant fortement, *que c'étoit un homme trop dangereux.* Le Prince de Galles ſe déguiſa pour l'entretenir, & ſous ce déguiſement, paſſa deux jours avec lui à la taverne. On finit par lui ſignifier le même ordre, qu'il avoit déjà reçu autrefois, de ſortir du Royaume dans trois jours.

Enfin, après quarante ans de ſervice; après une ſuite de combats, dans pluſieurs deſquels il avoit verſé ſon ſang, & participé à la victoire; après dix-huit ſiéges, dont il en avoit commandé trois en perſonne ; après une multitude de voyages entrepris, de projets formés, de périls affrontés, pour ſatisfaire ſa haine contre les Anglois ; il propoſa à M. de

Sechelles, une expédition qui devoit ruiner leur Puissance, & assurer la nôtre dans les Indes.

Pour cela, il démontroit l'impossibilité d'y avoir jamais une paix solide avec les Anglois, & par conséquent, d'y faire un commerce utile tant qu'ils y existeroient ; en même-temps, il prouvoit la nécessité de renoncer à un système, source funeste de tant de désastres. Et pour sauver tout-à-la-fois la gloire & les intérêts de la Nation, il vouloit que les François commençassent par exterminer le nom Anglois dans toute l'Inde ; qu'alors ils donnassent, au sein de la victoire, l'exemple d'une modération qui leur auroit concilié le respect & l'amour de tous les voisins ; qu'ils rendissent les Provinces usurpées à leurs Souverains légitimes ; qu'ils en échangeassent seulement quelques-unes ; & qu'ils gardassent un juste milieu entre les vues trop rétrécies de l'esprit purement mercantile, & le délire pernicieux d'une ambition follement effrénée ; qu'à toutes ces possessions onéreuses séparées de la Capitale, par deux trois & quatre cents lieues, divisées en quatre mains, qui ne pouvoient seulement pas s'étayer inutilement par leur trop grande distance, la Compagnie substituât quelques domaines serrés & contigus, formant, avec Pondichery, une seule masse, ni trop peu solide, ni trop étendue, telle enfin qu'on n'éprouvât jamais ni le besoin d'attaquer, ni la craintre de l'être.

A peine ces projets ont-ils été vus, qu'ils sont agréés. bientôt M. de Moras, successeur de M. de Sechelles, offre au Comte de Lally le commandement de l'expédition, qu'il refuse d'abord. Nommé Gouverneur de Boulogne, & employé avec le Maréchal de Belleisle sur les côtes de Picardie, il s'occupoit encore de lier une nouvelle conjuration en faveur du Prince Edouard. Il avoit été en jetter les premières semences dans la Lorraine. Mais trompé dans son attente, il accepte alors le commandement de l'Inde, & est, à cet effet, nommé successivement Lieutenant-Général, Inspecteur Général, Commandeur, Grand'Croix de l'Ordre de Saint-Louis.

On le charge aussi de rétablir l'ordre dans l'administration de la Compagnie Françoise; de réformer les abus dont on lui indique la source; de réprimer les malversations dont on lui nomme les auteurs. En conséquence, il est revêtu encore du titre de Syndic de la Compagnie, de Commandant Général de toutes les Indes Orientales, & de Commissaire pour Sa Majesté, avec les pouvoirs *de faire & ordonner, comme le Roi lui-même pourroit faire s'il y étoit en perfonne.* M. Clouet étoit nommé Commiffaire de la Compagnie, pour régir & percevoir fes revenus, conjointement avec le Gouverneur Leyrit; mais avec ordre de fe concerter avec le Comte de Lally.

Sur le point de partir au mois d'Octobre, le Comte de Lally eft inftruit des projets du Miniftère Anglois, relativement à l'Amérique. Il parvient à avoir la copie d'une adreffe fecrette de fes Colonies. Inftruit par elle de la fituation de l'Angleterre Américaine, de fes craintes & de fes reffources, il en fait part au Roi lui-même, dreffe le projet d'une expédition qui, de l'aveu des Anglois, doit leur faire perdre toute leurs Colonies; avertit que, fans cette entreprife, nos poffeffions courent le plus grand danger, & qu'au printemps il fera trop tard. L'expérience n'a que trop vérifié la prédiction. Sur ce refus du Gouvernement, le Comte de Lally ofa former un projet d'armement particulier, où il plaça vingt milles écus, & où entrèrent entr'autres le Maréchal de Belleifle, & M. Michel, Directeur de la Compagnie. Ces efforts, trop foibles devinrent inutiles.

Quant à l'expédition de l'Inde, les mêmes moyens fur lefquels la Bourdonnois avoit autrefois établi fes projets, étoient la bafe de ceux du Comte de

Lally : supériorité & célérité. Il falloit écraser tous les établissements Anglois en Asie, prévenir tous les secours d'Europe. On étoit convenu de lui donner six bataillons d'Infanterie, un détachement du Corps Royal d'Artillerie & du Génie, six millions, & trois vaisseaux de guerre, joints à ceux de la Compagnie. Le détachement d'Artillerie commandé par le Chevalier de Villepatour; & la flotte aux ordres du Vicomte de Choiseul : le Comte de Lally, à ces conditions, répondoit du succès.

Au lieu de ces promesses, on substitue pour Commandant de l'Artillerie, un Officier ignorant les premiers élémens de son métier ; & pour la Marine, le Comte d'Aché. On retranche deux millions, deux bataillons, & deux vaisseaux de guerre. Le Comte de Lally, à ces nouvelles, demande d'être déchargé de l'expédition ; mais on lui enjoint de partir avec promesse de remplacer dans six mois ce qu'on vient de lui retrancher. Le Ministre le lui écrit, le lui jure : la Marquise de Pompadour, en lui écrivant aussi que *si le Roi avoit connu un homme plus brave que lui, il l'auroit choisi pour cette expédition* : lui répète *qu'il ne sera point abandonné.*

Le temps du départ fixé en Février, est prolongé

jufqu'en Mai. Au lieu de fept mois de traverfée, on en emploie douze par l'inutile féjour à l'Ifle-de-France, & les Anglois, partis plus de trois mois après la flotte Françoife, la devancent de fix femaines ; préviennent au lieu d'être prévenus. Ainfi le Comte de Lally n'a plus pour lui *célérité* & *fupériorité*, ces deux grands moyens qui avoient fondé fon efpoir.

Il trouve, à fon arrivée, la Colonie divifée par des prétentions futiles de rang, l'infubordination répandue dans toutes les claffes, le défordre dans l'adminiftration des finances épuifées par les frais énormes de régie, par les non-valeurs, par le rabaiffement perpétuel des baux, les mutations de Fermiers, les pots-de-vins, les préfents, &c. &c. Les magafins dépourvus de vivres & de munitions, les fortifications délabrées, les troupes dans l'inaction faute de moyens, les poffeffions ruinées par quinze ans de guerre; point d'allié, des ennemis de tous côtés par des ravages, des concuffions, des manques de fidélité dans les engagemens.

Tant d'obftacles ne font qu'allumer le zèle du Comte de Lally. Il n'y avoit pas trois heures qu'il étoit débarqué ; & déjà le Comte d'Eftaing avoit été dépêché pour inveftir Goudelour, l'avoit invefti le lendemain, malgré l'ignorance des guides, malgré la faim & la fatigue, avoit mis en fuite les Anglois, & leur avoit enlevé les postes qui couvroient leurs limites; & le Comte de Lally, le lendemain aussi de son arrivée devant la place, en est maître, y délivre cent vingt prisonniers François, commet deux Conseillers de Pondichéry, pour dresser l'inventaire de ce qui s'y trouve. Il forme aussi-tôt le projet d'assiéger Saint-David, *l'établissement Européen le plus imprenable de l'Inde*. Et c'est avec deux mille deux cents hommes, contre une garnison de deux mille sept cents, ayant pour toute artillerie six mortiers, & pour toute espérance, vingt-deux pièces de canon retenues par les rivières, les sables, & le manque de bœufs ou d'hommes, contre cent quatre-vingt-quatorze bouches à feu, rangées sur les remparts, que la nature & l'art avoient fortifiés à l'envi (1).

A chaque pas il est arrêté. Ni fascines, ni gabions, ni poudre, ni boulets, ni mortiers, ni outils; des fusées d'un calibre, & des bombes d'un autre, des mécomptes prodigieux de munitions, une seule scie

---

(1) Journal du Comte d'Estaing.

dans

dans toute l'artillerie. Lorsqu'il fait ses dispositions pour aller attaquer la place, les mortiers & canons se trouvent encloués ; mais la bravoure supplée à tout, les quatre forts, sont emportés l'épée à la main. L'impéritie du Commandant de l'artillerie vient ensuite ajouter aux obstacles, le Comte de Lally est obligé de réformer & de tracer lui-même de nouveaux plans de tranchées, & pour faire cesser le superstitieux usage des Indiens, dont chaque caste, chaque tribu croit se dégrader, en se livrant à l'espèce de travail pour lequel elle n'est pas destinée ; il se montre avec l'appareil de ses dignités, prend la pelle, remue la terre, porte des fardeaux, traîne des munitions sous les yeux des Indiens qui alors saisissent avec alacrité les outils qu'ils ont vus dans les mains *du Souba de l'Empereur sublime de France.*

L'argent manque dès la première nuit ; le Comte de Lally y supplée de ses propres deniers ; il est encore traversé par les fraudes & les vexations que commettoient des Membres de la Compagnie, qui faisoient que les munitions & les vivres n'arrivoient pas. Il l'est, par le refus des Matelots, de servir faute d'être payés. Des vents brûlans & périodiques combloient en même-temps de sable les tranchées, les coups de soleil tuoient ou rendoient frénétiques les

Soldats. Au milieu de tant d'obstacles, Lally, cependant, devient maître de cette Berg-op-Zoom de l'Inde, lorsqu'on taxoit son entreprise de téméraire, & de folle. Il reçoit la garnison prisonnière de guerre, prend cent quatre-vingt pièces de canon ou mortiers, commet encore deux Conseillers, pour faire, avec l'Intendant de l'armée, l'inventaire de l'argent & des marchandises; mais le huitième qui lui revenoit, & le tiers aux troupes, sont gardés par les employés de la Compagnie.

Lally dirige alors ses pas vers Divicottey, ville forte, à dix lieues de Saint-David. L'ennemi effrayé, l'abandonne à son approche. Un détachement s'en empare, soixante-dix pièces de canon, plusieurs magasins de riz, & une assez grande étendue de terrein sont les fruits de cette nouvelle conquête.

Entreprend de couronner ces succès par la prise de Madras, Capitale des établissemens Anglois; & pousse des détachemens en avant, retourne à Pondichéry tout disposer pour cette nouvelle expédition. Il mande au Commandant du Dekan & de Mazulipatan, de lui amener leurs forces. Mais il falloit le concours de l'armée navale; l'Amiral le refuse, appareille pour se porter sur l'Isle de Ceylan, emmenant encore quatre cents hommes qu'on lui avoit prêté pendant le siége de Saint-David. Le Conseil assemblé, fait courir après l'Amiral, le somme de revenir; il revient en effet, mais c'est pour repartir quelques jours après.

Le Comte de Lally, obligé ainsi d'abandonner son entreprise sur Madras; averti d'ailleurs par le Gouverneur de Pondichéry, qu'il n'y a plus d'argent & de munitions pour l'armée passé quinze jours, est réduit, pour plaire au Conseil de Pondichéry, cinquante jours après son arrivée, à aller tenter une expédition contre le Raja de Tanjaour, à cinquante lieues de la Capitale. Dès la première marche, il éprouve une disette universelle. A quatorze lieues, dans ce même Divicolley qu'on venoit de conquérir, l'armée manque trois repas de suite. Plusieurs Soldats meurent de faim, d'autres se répandent dans la campagne, pour aller chercher quelque nourriture, & sont égorgés par des troupes de voleurs. Il est obligé, pour les contenir dans la Ville, d'en faire fermer les portes, & de placer des Officiers armés à toutes les brèches; mais n'ayant pas même de quoi écraser le Nelli qui étoit dans ces magasins, il est encore réduit à envoyer dans toutes les cases voisines, ramasser des pilons que ces malheureux avoient à peine la force de remuer ; attendant avec impatience les bœufs de l'artillerie pour les faire tuer. Ce Général se voit seul enfermé avec une armée prête à se révolter toute entière. Une partie se révolte, &, dans son désespoir, met le feu à la Ville en trois endroits différens; deux poudrières sautent, & tous les édifices qui les environnent.

Le reste de la route n'est guère plus heureux. A Naour; cependant il fait un butin de 200,000 roupies ; mais bientôt il ne trouve plus que de vastes déserts; l'armée est obligée de se nourrir d'une espèce d'avoine du pays & de feuilles de cocotiers, & de livrer chaque jour de petits combats contre des troupes de brigands.

En arrivant aux fauxbourgs de Tanjaour, il essuie deux combats, & est obligé de camper, assiégé par six mille Marates & deux mille Kalers. Le Raja l'amuse par des propositions de paix ; les troupes noires qui manquent de subsistance se mutinent, & une moitié déserte. Il ne reste plus à l'armée Françoise du riz que pour deux jours, du biscuit & de la viande que pour six ; trois milliers de poudre ; vingt cartouches par Soldat ; pour tous boulets, ceux que l'ennemi envoyoit, encore la plupart d'un calibre différent,

& il falloit perfectionner une brèche commencée; donner un assaut, assiéger ensuite une autre enceinte. Sur ces entrefaites, l'Escadre Françoise est une seconde fois battue, & les Anglois bloquent Karical, & s'avancent sur Pondichéry. Un Conseil de Guerre décide alors la nécessité d'une retraite, sur-tout pour conserver nos établissemens.

Le Comte de Lally, d'après cette décision, fait partir les malades & les gros bagages. Le sur-lendemain, jour de son départ, cinquante Indiens & leur Commandant, croyant servir leur Religion & leur Patrie, échauffés par leurs Brames, ivres de fanatismes & d'opium, se présentent à lui, dans l'intention de l'assassiner; mais sous le prétexte de se mettre à son service. Le chef Indien porte au Général François, en l'abordant, un coup de sabre qu'il pare avec un bâton; les autres Nègres fondent sur lui; il est renversé de deux coups de pieds, & foulé par les chevaux. Ses gardes accourent & le vengent; un seul des assassins échappé au carnage, met le feu à un caisson d'artillerie qui le fait sauter en l'air, & qui sert de signal aux ennemis; ceux-ci débouchent de toute part au nombre de seize mille; mais l'intrépidité & la présence d'esprit du Comte de Lally, le font sortir victorieux de ce nouveau danger. Plus de six cents ennemis restent sur la place, les autres fuient dans la campagne ou rentrent dans leurs murs. Cette victoire, digne de nos plus fameux Paladins, ne coûte à Lally que cinq Soldats & deux valets noirs. Sa retraite encore plus difficile, est exécutée avec plus de gloire; il ne laisse derrière lui pas même un porte-manteau; ses sages dispositions empêchent l'ennemi, si supérieur en nombre, de l'approcher de plus de trois cents toises; il contient son armée toujours mécontente, qui ne trouve, après des marches de neuf heures, qu'un peu d'eau; il ne perd dans une route si difficultueuse, qu'un affut Dânois, un caisson & un déserteur.

A son retour, il se plaint d'avoir été abandonné, se récrie contre la *profusion*, le *désordre*, le *vol*, la *rapine*, & *les abus de la manutention*. Le Gouverneur de Pondichéry lui écrit que ces réformes sont à desirer; mais que celui qui en sera chargé, *aura besoin de beaucoup de fermeté, & se fera bien des ennemis. Que de son côté, toutes ses ressources étoient épuisées, & qu'il ne peut remédier à la détresse de l'armée.*

Dans cette situation, de Lally n'entrevoit de ressource

que dans la prise de Madras; & il avoit, à cet effet, dépêché le Comte d'Estaing à Pondichéry, même avant d'avoir exécuté sa retraite de Tanjaour. L'activité & le zèle si reconnu de cet Officier, ne purent encore déterminer l'Amiral à concourir à l'expédition, malgré l'offre de tel nombre d'Officiers & de Soldats qu'il demandroit pour le renforcer; il répond que *son parti est pris de s'en aller à l'Isle-de-France.*

Le Comte de Lally, obligé une seconde fois d'abandonner cette entreprise pour les mêmes motifs, tourne ses armes contre Arcate, Capitale de la Nababie de ce nom où les François avoient trois fois échoué, & une quatrième avoient eu leur armée fait prisonnière. Dès que l'Escadre Angloise a quitté la côte, il entre en campagne, met son armée en marche sur cinq colonnes, les dirige toutes à la fois sur Arcate & sur quatre places fortes qu'il falloit conquérir avant d'entrer dans la Capitale. Le Comte d'Estaing s'empare de Timeri; le Chevalier de Soupire entre dans Corangouly; le Chevalier de Crillon se rend maître de Trivalour, après avoir eu une victoire complette; le Capitaine Saubinet emporte Tirnamales, après trois assauts consécutifs; & le Gouverneur Général s'avance au centre de toutes ces attaques,

Arcate ouvre fes portes, & toute la Province eft foumife.

Au milieu de ces expéditions, il s'occupoit encore du foin des approvifionnemens de tous les différens diftricts; mais le Gouverneur Leiryt lui répondoit *que le défaut de fonds, que l'épuifement des reffources faifoit naître des difficultés infurmontables pour ces approvifionnement de poftes.* Alors des diffentions divifoient plus particulièrement les Membres du Confeil de Pondichéry; ils s'accufoient réciproquement d'ineptie, de fripponneries, de vexations, de négligence pour les intérêts de la Compagnie; ils réfillioient les baux pour fe faire donner des pots-de-vin, pour placer des fermiers plus favorables à leurs vues. Le Comte de Lally tenta des réformes; le mécontentement & les murmures fe propagèrent rapidement, & le Comte de Lally prévoyant combien fes fuccès devenoient difficiles, écrivit en France aux Miniftres & à fes amis, *qu'on lui permît de quitter un pays pour lequel il n'étoit pas fait, dont les habitans n'étoient pas faits pour lui; qu'il étoit heureufement trop vieux pour en contracter la contagion, & qu'on le trouveroit toujours auffi honnête-homme en arrivant.*

Cependant il revient encore à fon entreprife fur Madras,

Madras, on lui oppofe, dans l'affemblée du Confeil, le défaut d'argent & de vivres. Le Comte d'Eftaing s'écrie *qu'il vaut mieux mourir d'un coup de fufil fur les glacis de Madras, que de faim fur ceux de Pondichéry.* A ce cris d'un noble défefpoir, tous les Membres du Confeil fe rallient, & le fiége eft décidé.

L'armée fe met auffi-tôt en marche, s'empare de plufieurs forts, & arrive devant les limites de Madras, (le 12 Décembre 1758) où étoient retranchées les troupes Angloifes, les attaque, les force de rentrer dans la Ville, leur prend quatorze pièces de canon, & campe fous leurs murs. Vingt-quatre heures après, le Chevalier de Crillon s'empare, avec une perte de fix hommes feulement, de la partie appellée la ville Noire, occupée peu de jours auparavant par plus de quatre-vingt mille habitans; il en chaffe les Cipayes, & toutes les troupes y prennent pofte. Mais pendant que l'avidité du pillage d'une Ville qui renfermoit une partie des tréfors de l'Inde, fait débander de toutes parts ces troupes fi mal payées, que dix milles habitans de Pondichéry, accourus dans cet efpoir, fe mêlent parmi les Soldats & le fer & la flamme à la main, enfoncent les maifons, les Anglois

E

sortent avec quelque pièces de campagnes, tombent sur l'armée Françoise dispersée, tirent sur elle à bout portant, & la coupent en divers endroits. A ce bruit, le Comte de Lally rejoint le Régiment de Lorraine, qui, après avoir fait des prodiges de valeur, commençoit à être ébranlé, & avoit déjà perdu son canon & presque tous ses chefs. La présence du Général ranime les troupes. Ses ordres & sa bravoure rétablirent bientôt l'égalité du combat, malgré la lâcheté & la mauvaise volonté de plusieurs des principaux Officiers. Les Anglois plient, sont repoussés avec une perte plus que triple des François; tout leur canon est enlevé; un grand nombre d'Officiers de distinction sont faits prisonniers.

Avec des succès si brillans, il fallut cependant abandonner le siége de la seconde partie de la Ville, parce que les canons, les boulets & la poudre manquoient; que par-tout les ordres du Commandant étoient méconnus ou mal exécutés; qu'on gardoit d'un côté les bâtimens de transport; que de l'autre, chaque Membre, chaque employé de la Compagnie répétoient de prétendues avances, & s'empressoient de dévorer les restes de la substance publique.

Cependant, la Cour avoit envoyé quatre Vaisseaux

de Roi, trois millions & fept cents hommes de recrues à fon fecours ; mais l'Amiral Comte d'Aché, qui, en abandonnant Pondichéry, affamoit l'Ifle-de-France par fon long féjour, avoit retenu ces vaiffeaux, les troupes & les deux tiers de l'argent. Cette modique fomme parvint au Comte de Lally, lorfqu'il étoit encore devant Madras. Elle ne put empêcher que la famine ne fe fît cruellement fentir dans l'armée ; jufqu'aux bœufs de traits périffoient de faim ; & les troupes, de jour en jour plus mécontentes, fe permettoient avec plus de hardieffe le pillage, & devenoient plus indifciplinables ; plufieurs même, paffoient au fervice de l'ennemi. Le Comte de Lally, au milieu de tant d'obftacles & de tant de contradictions, forme le projet de furprendre la place, qui échoue par l'imprudence d'un Noir, & enfin il fe difpofe à un affaut général. Six vaiffeaux Anglois arrivent fur ces entrefaites, lorfque le Général François n'a pas une frégate, & n'a pu, par conféquent, bloquer le port ; il fallut donc alors lever le fiége ; la retraite fe fit en bon ordre ; la détreffe augmentant, rendoit plus fréquente les révoltes des troupes ; il falloit prier, fupplier, pour empêcher des Corps entiers de paffer du côté de l'ennemi.

Le Comte de Lally revint à Pondichéry, qu'il trouve plus que jamais en proie à la diffention, au défordre, à tous les abus d'une adminiftration vicieufe. Il veut encore réformer; mais toutes les haines particulières fe fufpendent pour fe diriger contre le réformateur; tous ont égal intérêt à agir contre celui qui veut réprimer les monopoles, les friponneries, & faire rendre des comptes; & peut-être alors fe livra-t-il trop vivement aux plaintes amères, aux reproches fur les négligences, les manques de fecours, & les mauvaifes volontés qui avoient traverfé fes entreprifes. C'eft là cependant où fe bornèrent les emportemens d'une ame trop juftement ulcérée; c'eft là, peut-être, où des exemples de févérités, de châtimens devenoient excufables & néceffaires. Il répétoit dans fes tranfports: *J'irai plutôt commander les Caffres de Madagafcar, que de refter dans votre Sodôme, qu'il n'eft pas poffible que le feu des Anglois ne détruife tôt ou tard au défaut de celui du Ciel.*

L'armée reftoit toujours fans paye. Malgré les follicitations du Général, & les facrifices & les engagemens qu'il prenoit perfonnellement, il étoit dû au feul Régiment de Lally un million. Les révoltes & les défertions fe renouvelloient. Sur ces entrefaites, les

Anglois se mettent en campagne, assiégent & prennent Mazulipatam faute encore de secours, & d'ordre & de subordination. Cangivoron est pris peu de jours après par les mêmes causes. Le Comte de Lally, accablé de jour en jour de nouveaux chagrins, ne pouvant suffire avec ses propres deniers à appaiser les révoltes, perdoit courage, lorsque l'arrivée d'une frégate lui annonce de nouvelles forces, & lui apporte l'ordre de la Cour le plus précis de *prendre connoissance de toutes les parties de l'administration ; de corriger le despotisme des Gouverneurs & du Conseil ; de corriger les abus, d'exclure le Conseil de tout intérêt, direction indirect dans l'exploitation des revenus de la Compagnie; enfin de faire poursuivre, à la requête du Procureur-Général, tout Conseiller, tout Marchand, Employé, qui auroit quelques intérêts à démêler avec les Fermiers.*

A peine ces nouvelles instructions sont-elles connues, que tous les individus qui s'étoient mutuellement accusés, déchirés, se tiennent pour honnêtes-gens, & se liguent comme amis. Alors la calomnie dirige tous ses traits contre le seul Commandant Général. Des libelles attroces dont il est le sujet, se colportent de toutes parts. On veut le rendre responsable de ses malheurs, & n'attribuer ses succès qu'au hasard. Le Comte de Lally, en portant ses regards dans cette ténébreuse administration, où il supprime des dépenses énormes & inutiles, impose une amende de trois cents douze mille livres sur les valets Noirs, qui la portent au trésor dès le cinquième jour. Que n'étoient pas les maîtres de tels valets ?

Enfin, l'Escadre arrive augmentée presque du double, & telle qu'il ne s'en étoit encore jamais montré dans les mers de l'Inde. L'Amiral venoit d'essuyer un troisième combat & une troisième défaite avec des forces supérieures en vaisseaux, en canons & en hommes, & il annonce, après treize mois d'absence, qu'il repart dans deux jours ; ce qu'il exécute malgré les protestations de tous les Ordres, Ecclésiastiques, Magistrats, Militaires, Employés, Marchands, Bourgeois. Il laisse, pour toute consolation, quatre cents mille livres en piastres, des diamans évalués trois cents quatre-vingt mille livres; & il va de nouveau affamer l'Isle-de-France, où l'on protestoit pour ne pas le recevoir.

Peu de temps après, l'armée se révolte pour la dixième fois ; il lui étoit dû dix mois de paye ; on y avoit répandu le bruit que le Come de Lally avoit reçu le montant de cette paye, y avoit ajouté les diamans & l'argent apportés par l'Escadre, & faisoit fréter un vaisseau pour emporter ces richesses en Europe. Les révoltés s'étoient choisis deux Généraux parmi leurs Sergens, & s'étoient emparés des munitions & du canon.

A ces nouvelles désastrueuses, le Comte de Lally fait des efforts pour trouver de l'argent, emprunte des Officiers, sacrifie cinquante mille livres qui lui restoient, & envoie ces différentes sommes à l'armée, avec une lettre qu'il ordonne de lire aux troupes assemblées. Il s'y disculpoit; mais ces derniers ordres ne sont pas exécutés. L'armée refuse des à comptes; enfin, de nouveaux efforts, de nouvelles sollicitations la détermine à revenir sous les ordres de ses Officiers avec cette capitulation. *L'armée réunie en une seule voie, accorde de recevoir six mois à compte de la paye, en attendant jusqu'au 10 du mois prochain, pour finir le reste. L'argent sera délivré à l'Aldée où nous sommes, & ensuite on se mettra en marche pour Vandavachy, nos Officiers à notre tête.*

Au milieu de ces agitations & des complots qui se tramoient contre lui, le Comte de Lally forme le projet de reprendre Vaudavachy sur les Anglois. Malgré l'infériorité de ses troupes, leurs divisions &

leur infubordination, & prend d'abord fes mefures pour s'emparer des magafins ennemis : elles font telles que les Anglois & fa propre armée ignorent d'abord fon deffein. Il fe met en marche, comme pour fe retirer à Pondichéry, & rétrograde deux jours après; tombe tout-à-coup fur les magafins; en emmène tous les vivres & les beftiaux ; il ne devance les Anglois que de quatre heures. De-là, il va mettre le fiége devant Vandavachi; des Matelots qui formoient une fauffe attaque, s'enfuient à toute jambe aux bruit de quelques coups de fufil. Il raffemble les fuyards, marche à leur tête; au bruit du canon toute fa colonne met ventre à terre; il refte feul à cheval avec un de fes gardes. Appercevant une brèche par où un homme à cheval pouvoit à peine paffer, il s'écrie, *à moi les gens de bonne volonté*. Sept Soldats fe relèvent & le fuivent; cinq d'entr'eux font bleffés ou tués à fes côtés. Le Chevalier de Crillon, parvenu à relever cette colonne profternée, fuit les pas du Général, & l'Aldée eft emportée.

Le fort reftoit à prendre; mais l'impéritie du Commandant de l'artillerie fe manifefte de nouveau; quinze cents Cipayes refufent de combattre; deux mille Marates décampent, & Lally refte avec treize
cents

cents cinquante Européens, contre deux mille six cents, avec soixante Noirs, contre trois mille cinq cents. Lorsque les armées sont aux mains, sa cavalerie demeure immobile quand il lui commande à deux fois de le suivre, & un coup de canon chargé à cartouche, la met en fuite; deux balles atteignent le Général dans ses habits, une dans le pommeau de sa selle, & une autre perce le devant de son chapeau. *Ah! mon Général, vous êtes blessé*, s'écrie un de ses Aides-de-Camp, en lui portant la main au front. *Plût à Dieu!* répond Lally, *je ne le suis que de la f...rerie de ces gens là.* A ces désastres, s'en joint un autre aussi malheureux. Un Mousse posté à la redoute, tirant sur l'ennemi derrière un caisson, y met le feu, & fait sauter la moitié du détachement qui gardoit la redoute, met en pièce cinq canons rend le courage aux ennemis qui, dans cette partie, commençoient à se rebuter.

Lally, après sa défaite, entend de toutes parts les Soldats lui crier : *Mon Général, vous êtes trahi.* Des Officiers en corps viennent lui répéter : *Notre Général, on veut faire échouer toutes vos entreprises, ne vous découragez pas, nous vous soutiendrons tous.* Un Prince Indien, allié des François, lui écrit ; *mon*

F

neveu a été témoin de vos prodiges de valeur, votre défaite ne peut être attribuée qu'à vos propres troupes, qui ont refusé de vous suivre. Le Général Anglois écrit lui-même à ces Marates déserteurs ; *votre conduite, dans la dernière action, a prouvé que vous êtes venu dans le pays, non comme Soldats, mais comme voleurs & maraudeurs; ainsi je ne vous ferai pas de quartier.*

Cependant, le Comte de Lally projettoit encore de nouvelles entreprises, lorsque d'autres révoltes viennent de nouveau arrêter ses projets. La douzième, excitée par les Soldats de Marine à Pondichéry, pour manque de paye, est même fomentée par des habitans de la Ville. Au milieu de cette détresse & de ces convulsions, l'Escadre Angloise se montre à la côte. Le Général ordonne, pour en imposer à l'ennemi, que tous les Européens de la Colonie paroissent en uniforme, & fait distribuer des draps aux moins riches; mais tous les Employés de la Compagnie s'arment, s'émeutent, & refusent de paroître à la parade. Le Général se contente de punir les trois plus mutins, de l'exil ; de mettre un des Membres du Conseil aux arrêts chez lui, dans son propre appartement, & de l'admettre à sa table. Pondichéry, sans vaisseaux, sans argent, presque sans Soldats, voit les postes de la campagne successivement enlevés. Le Comte de Lally alors rassemble ses forces pour se porter plus efficacement où besoin seroit. Pendant trois mois, il sçait, par sa bonne contenance, tenir l'ennemi à quatre lieues de la Ville, par-là, donner le temps de faire entrer de quoi nourrir la garnison six mois; tout ce qui étoit dans ses moyens, fut employé pour l'approvisionnement. Outre ses conseils, ses ordres, ses menaces, pour faire agir les Membres de la Compagnie, il autorisa le Capitaine Fisher à s'engager solidairement avec lui pour toutes les avances nécessaires. Dans cet intervale, il fait un traité d'alliance avec le fameux Hider-Ali-Kan, qui, dès-lors, avoit jetté les fondemens de sa grandeur ; mais on sçut inspirer de la défiance aux Ambassadeurs qu'il envoya.

Les séditions & le désordre croissoient de jour en jour dans Pondichéry bloqué. Au lieu de s'unir pour la défense commune, on faisoit des plans de Mémoire contre le Commandant-Général ; on osoit donner la liste & le tarif des places qu'il avoit rendues aux Anglois, ses chers amis ; on assuroit qu'il avoit déjà pris des engagemens pour vendre Pondichéry, & que l'argent étoit tout prêt. Cependant, depuis trois mois, avec un petit corps de sept à neufs cents hommes,

& défendu seulement par une haie vive. Il empêchoit quatorze à quinze mille ennemis de pénétrer, & favorisoit ainsi l'entrée de quelque denrée. Excédé de tant de traverses, accablé du fardeau d'un pouvoir qui ne rencontroit que des obstacles & des désobéissances; effrayé d'une division qui ne pouvoit que hâter la perte de la Colonie, il envoie au Conseil la démission de son autorité, où, après avoir rappellé la cause des malheurs de la Colonie, il dit : *Il est temps de prendre un parti; voici donc à quoi je me détermine, c'est de me démettre de l'autorité que le Roi & la Compagnie m'ont confiée, & de vous charger seuls de l'évènement. Je ne me regarde plus ici désormais que comme un particulier qui paiera de sa personne, ainsi que le dernier bourgeois, si l'ennemi attaque nos murs; & j'ordonne, de la part du Roi, que cette déclaration soit inscrite sur vos registres.* A la lecture de cette démission, les Militaires déclarent qu'ils ne serviront pas sous un autre Général, & le Conseil, qu'il ne se croit pas compétent pour accepter une telle démission. Ainsi le Comte de Lally continue à être chargé du Commandement, & à subir les mêmes traverses. Cependant, avec la poignée de Soldats qui lui reste, il ose entreprendre d'attaquer, la nuit, toute l'armée Angloise dans son camp, de la mettre en déroute, & de faire lever le blocus de Pondichéry.

Il dispose sa petite troupe sur six colonnes, sans communiquer son projet à personne, écrit lui-même ses dispositions. A l'approche de la nuit, il assemble les Commandans & Officiers-Majors, fait retentir au fond de leurs cœurs les noms puissans *d'honneur*, de *Patrie* & *de Roi*, remet à chacun sa disposition écrite & détaillée. Tout étoit prévu, un détour à faire, un fossé à franchir, l'instant du départ, de l'arrivée de chacun. Au signal de deux fusées, l'armée Angloise devoit être assaillie par six côtés à la fois; le signal part, tout réussit à la droite. L'ennemi, effrayé, abandonne la taupe des Portugais; la redoute qui couvroit le camp de Perimbé est emportée. La garde égorgée, ou mise en fuite; le canon pris ou brisé. Au centre, où étoit le Comte de Lally, la batterie est enlevée; mais l'ennemi fait encore une vigoureuse défense; mais à la gauche, le bataillon de l'Inde, au lieu de marcher à l'ennemi, s'étoit replié derrière le centre, & fait ainsi manquer l'attaque. Les Anglois, en admirant les dispositions du Général François, comme un chef-d'œuvre de sagacité Militaire, sont convenus que sans la manœuvre *inexplicable* du bataillon de l'Inde, leur déroute eût été complette.

De nouveaux renforts arrivés aux Anglois, qui portoient leurs forces à quatre mille cinq cents Européens, & dix mille Noirs, soutenus par quatorze vaisseaux de lignes & deux frégates, les enhardissent à tenter la prise des limites ou haies vives. Le Comte de Lally, contraint de se retirer sous le canon de la Ville, reste encore sept jours campé dans les limites, & ne passe pas une nuit sans attaquer l'ennemi; & le 17 Septembre 1760, il est obligé de s'enfermer dans les murs de Pondichéry. C'est alors que la calomnie distille contre lui ses plus noirs poisons; que la méchanceté multiplie les moyens de le tourmenter. On affiche contre lui les placards les plus outrageans. Dans la nécessité d'économiser les vivres, il demande à faire sortir les Noirs de la Ville. On se récrie contre sa barbarie, &, quelques temps après, on est obligé d'en venir à cet expédient, lorsqu'ils ont consommé pour plus de six mois de vivres. On crie à la tyrannie, parce qu'il défend aux habitans de toucher à leur cocotiers, dont la liqueur servoit aux Soldats; parce qu'il fait défendre d'emporter pour plus de dix mille francs d'or & d'argent ; parce qu'il fait faire des fouilles de grain dans toutes les maisons, sans en excepter la sienne, & fait établir des magasins généraux. On le menace, par des billets anonymes, d'être assassiné. Tourmenté par des convulsions violentes, & des vomissemens, il reconnoît qu'il est empoisonné, & un Moine, témoin de ces affreux effets, va publier qu'il est devenu fou. Au milieu de tant d'horreurs, cet infortuné Commandant consent & desire de se réconcilier avec le Conseil, pour applanir les obstacles au bien général. Il fait les premières démarches, & se soumet à tout ; & c'est dans cet instant, que des Membres du Conseil osent former le projet de l'arrêter. La famine, cependant, qui se faisoit sentir plus cruellement, augmentoit les murmures ; & dans la crainte d'une révolte, le Commandant fait, il est vrai, dresser des gibets, annonce même qu'il y ajoutera des roues s'il est nécessaire ; mais ce sont des menaces dont personne n'a éprouvé les effets. Il capitule, & alors il ne lui restoit que sept cents Soldats, Matelots & Invalides, pouvant à peine se traîner, n'ayant plus un grain de riz, & étant assiégé par une armée de quinze mille hommes, soutenues d'une Escadre qui en contenoit sept mille autres. Aussi le Général Anglois

Coot écrivoit-il de lui : *il n'y a pas un second homme dans l'Inde qui eût pu tenir aussi long-temps sur pied une armée sans paye & sans aucun secours, &c.*

Une si longue suite de travaux, pour une Patrie que le Comte de Lally avoit adoptée ; ces combats, ces siéges, où son intrépidité, son génie, son expérience furent si utiles à la Nation, les ressources & les succès qu'il sçut créer lorsqu'il fut trompé par de vaines promesses, abandonné & trahi ; les horreurs de la pauvreté & de la faim, les cris de la calomnie, de la rébellion & du poison, n'ont pu encore sauver ce Guerrier de la sévérité des hommes, ni éteindre même de nos jours leur animosité. Si l'Europe vit avec effroi tomber de l'échafaud sa tête couronnée de lauriers, la postérité se souviendra-t-elle sans indignation de l'état abject où il fut conduit au supplice (1). Juges qui outrageâtes en lui la dignité de l'homme, Ministres, qui au moins le souffrîtes, ne serez-vous point trop justement accusés d'avoir craint que les dernières paroles de Lally ne dévoilassent de redoutables vérités.

(1) Le Comte de Lally fut conduit à l'échafaud, ayant un baillon à la bouche. L'indignation du peuple se manifesta de toutes parts à cette vue, & les auteurs de cet ordre barbare, redoutant les effets de la haine publique, se défendirent de l'avoir ordonné. Aucun parent, aucun citoyen n'osa alors s'élever contre cet attentat à nos loix & à l'humanité.

Et l'histoire dégagée des passions, en racontant ses exploits, cherchera sans doute vainement ses crimes.

Nous croyons ne pouvoir mieux terminer cette notice historique que par cet apperçu sur la maison de Lally.

NOTES.

La Maison de Lally, anciennement appellée O-Mul-Lally, & en Irlandois *O Maolala*, nous est constamment représentée par tous les monumens publics & particuliers, comme une des plus distinguées de cette ancienne Noblesse Irlandoise, dont l'origine se perd dans la nuit des siècles. Elle a une souche commune avec celles d'O Nachtain, O Kelly, O Connor, O Neil, & O Donnel (1). Lors de l'arrivée des Anglois en Irlande, l'an 1171, les O-Mul-Lally, & les O Nachtain, séparés en deux branches depuis sept générations, possédoient conjointement le vaste territoire de *Maonmhuighe* qui comprenoit les sept Baronies connues aujourd'hui sous les noms d'*Athenry, Clare, Dunkellin, Kiltartan, Gallway, Leitrim,* & *Loughrea*. Ils le possédoient à titre de Chefs & de

---

(1) Livre Lekan, fol. 91. Linea antiqua, ora Genealogical, Chronological, and Historical, account of the Irish people, &c. by William, Hawkius Esqr. Ulster, King, at arms and Principal Herald, of Ireland, pag. 161 & seq. Histoire d'Irlande, par Mac-Geoghegan. Annales de Conacia. Series nobiliorum familiarum Regni hiberniæ pag. 10, 27, &c.

Seigneurs indépendans. Ils en faisoient hommage au Monarque d'Irlande, qui leur assignoit un subside, & ils percevoient des tributs d'un grand nombre de Vassaux (1).

Malachlin O-Mul-Lally, Chef de *Maonmhuigh*, à l'Époque de l'invasion, mourut sans avoir été troublé dans sa possession, & la transmit paisiblement à son fils *Amsaff*. Mais *Roderick O Connor*, dernier Monarque d'Irlande, étant mort, l'an 1198, une contestation sanglante s'éleva entre *Cathal-Carragh*, l'aîné de ses fils, à qui le trône de *Conacie* appartenoit par droit de succession; & *Cathal-Crovederg*, le plus jeune de tous, qui voulut régner à l'exclusion de son aîné. *Amlaff O-Mul-Lally* étoit cousin issu-de-germain de *Roderick O Connor* : il avoit fait élever chez lui, & sous ses yeux, *Cathal Carragh*, qui étoit même surnommé *Maonmhuigh*, du lieu de son éducation; il embrassa sa défense, de concert avec *Guillaume de Burgo*, l'un des principaux Seigneurs Anglois descendus en Irlande. *Cathal-Crovederg*, vaincu plusieurs fois, eut recours à la ruse & à la négociation. Il fit proposer à

---

(1) Livre Lekan. fol. 92. Poëm. d'O-Duvégan. Cambreusis eversus, pag. 27. Dictionnaire d'Obrien, pag. 102, 341.

Guillaume de Burgo, de passer dans son parti, & lui promit, s'il l'aidoit à vaincre, de lui donner les terres des Chefs vaincus. La proposition fut acceptée; la cause injuste triompha; *Cathal-Carragh* fut mis en fuite, & les terres d'*O-Mul-Lally*, d'*O Nachtain*, de *Mac-Cerraghty*, & d'*O Finaghty*, enlevées à leurs légitimes possesseurs, furent données, l'an 1202, à *Guillaume de Burgo* : une partie s'appella *Clanricard*, du nom de *Richard* son fils; & elle conserve encore aujourd'hui ce nom (1).

Amlaff O-Mul-Lally se réfugia dans une contrée voisine où est aujourd'hui le siége Métropolitain de *Tuam*. Là, il acquit une partie de pays dont le Cheflieu, appellé d'abord d'après lui, *Tully-Mullally*, & successivement *Tully-an-Lally*, *Tullinadally*, *Tullindally* ou *Tolendal*, est resté à ses descendans jusqu'à la dernière révolution de 1688.

Ils possédèrent long-temps ce nouveau territoire, comme leurs pères avoient possédé celui de *Maounmhuigh*, c'est-à-dire, avec la qualité de Chefs & de Seigneurs indépendans. Le fils & le petit-fils d'*Amlaff*

Mss. O Flaerty. O Connor. Diction. d'Obrien pag. 102, 341, & 516. Cambrensis eversus pag. 270.

furent célèbres par leur valeur ; ils vécurent continuellement en guerre, fur-tout avec les *Burk*, fur lefquels ils vouloient reconquérir leur ancien patrimoine : mais leur bravoure échoua contre la difcipline de leurs ennemis. Le premier, *Donall O-Mul-Lally*, fut tué en 1397, dans un combat où *O Dowda*, fon beau-père, Chef des Irlandois, fe laiffa furprendre par *Thomas Burk*, & *Gauthier Bermingham* perdit cinq cents hommes, & fut fait prifonnier. Le fecond, *Malachlin O-Mul-Lally*, eut le même fort dans la bataille livrée en *Hy-Maine*, l'an 1419, entre *Guillaume Burk* & *O Kelly*.

Ce ne fut qu'en 1541, que *Malachlin O-Mul-Lally*, fecond du nom, & dixième defcendant d'*Amlaff*, fit hommage de fes poffeffions au Roi Henri VIII. Le 15 Novembre de cette année, il paffa un traité avec le Chevalier *Saint-Léger*, Vice-Roi d'Irlande, en préfence du Confeil-Privé du Roi, & de *Jacques-Allen*, Chancelier. Par ce traité, *Malachlin O-Mul-Lally* fe foumit, lui, fes terres, fes vaffaux, & généralement *tout ce qui étoit fous fon gouvernement, & dans fa jurifdiction de Tully-Mul-lally*, à fa couronne d'Angleterre, confentit à les tenir d'elles, à fe reconnoître fon vaffal. Toutes les clauses de ce traité annoncent un grand Seigneur, possesseur indépendant de grands fiefs, & à la soumission duquel on attache une grande importance. *Malachlin O-Mul-Lally* s'y engage à livrer son fils aîné pour otage de sa fidélité, à se tenir toujours prêt à marcher pour le service du Roi, avec cavaliers & fantassins, montés, armés & approvisionnés, à fournir pendant trois mois chaque année le logement à 60 hommes d'armes du Roi, à lui payer une redevance annuelle, à donner sur le champ « cent » bœufs gras, pour sa nomination & son admission » à la place de Chef de sa Nation & de sa susdite » Patrie de *Tully-Mullally* ». *Pro nominatione & admissione suâ, ad locum Capitanei suve Nationis & Patriæ de Tully-Mullally prædictæ*, &c. (1).

Par une singularité assez remarquable, *Malachlin* étoit neveu de *Thomas O-Mul-Lally*, Archevêque Catholique de *Tuam*, célèbre par sa piété, sa science, son esprit, & qui avoit présidé, en 1523, le fameux synode de *Gallway*, & il fut oncle de *Guillaume O Mul-Lally*, Archevêque, Protestant du même

---

(1) Archives de l'Echiquier, de l'Auditeur général de la Chancellerie d'Irlande.

siége, qui après avoir été élevé dans l'Université d'*Oxford*, obtint la faveur de la Reine *Elizabeth*, au point de réunir sur sa tête seule l'Archevêché de *Tuam*, & les trois Evêchés d'*Enaghdune*, de *Kilmacduane*, & de *Clonfert*, par Lettres-Patentes de 1573 & de 1584. Il paroît que ce fut vers ce temps, que la Maison d'*O-Mul-Lally* commença à s'appeller *Lally*, pour le conformer aux ordres de la Cour d'Angleterre, qui voulut proscrire la langue, les usages, l'habillement des Irlandois, & jusqu'aux particules caractéristiques des grands noms du pays. Le Chevalier *Jacques Ware*, dans son traité *des Evêques d'Irlande*, en parlant des deux Archevêques que nous venons de citer, appelle le premier *Thomas O-Mul-Lally*, ou *Lally*, & le second, *Guillaume Lally* ou *Mul-Lally*. Les registres de l'Université d'*Oxford*, citent le premier sous le nom de *Thomas O-Mul-Lally*, *communément appellé Lally*, & le second, sous le nom seul de *Guillaume Lally* (1).

Le registre des confiscations faites par *Cromwell*, en Irlande, après la mort de l'infortuné Charles Ier, prouve

___

(1) *The Whole Works of sir James Ware, revised, and improved, by Walter Harris, Esqr.* 1. vol. p. 615. — *Athenæ Oxonienses fasti*, p. 9.

que, dès cette époque, la Maison de Lally avoit commencé à se sacrifier pour la cause des Stuarts. On trouve sur ce regiſtre (1) neuf terres contenant trois mille cinq cents soixante arpens, confisquées à *Jacques Daniel*, & *Guillaume Lally* ; & diſtribuées au Lord *Atheury*, à la Comteſſe *Fingall*, à la Marquiſe de *Clanricard*, &c.

Thomas Lally, cinquième deſcendant de *Malachlin*, qui s'étoit ſoumis à Henri VIII, recueillit encore onze terres ou domaines, à la mort de ſon père, arrivée le 5 Septembre 1661. Il poſſédoit ſurtout le Chef-lieu de ſa maiſon, qui dans une enquête faite à *Tuam*, le 20 Octobre 1621, eſt appellé uniquement *Tully-Mullally*, & qui, dans une autre faite au même lieu, le 10 Décembre 1661, eſt appellé *Tullinedally*, aliàs *Tully-Mullally*. *Thomas* s'en intituloit *Seigneur & Baron*, titre qu'ill ne tenoit point de la Cour d'Angleterre, mais de l'antiquité de ſa poſſeſſion, & de l'illuſtration de ſon origine, comme les *Nangles* étoient qualifiés *Barons de Caſtelo* & les *Huſſey*, *Barons de Galtrim*, ſans avoir été titrés par la Cour d'Angleterre.

---

(1) Sous les Nos, 16, 17, 18, 28, 29, 62, 63, 111, 114.

Thomas

LE COMTE LALLY DE TOLENDAL. 57

Thomas Lally, par son testament daté du 16 Juin 1677, avoit substitué tous ses immeubles à *Jacques Lally* son fils aîné & à ses enfans mâles, &, à leur défaut, à *Sir Garret Lally*, son second fils, créé depuis Chevalier Baronet, les chargeant seulement de quelques portions & legs pour les enfans de *Michel*, son troisième fils, ou pour ses filles, & du douaire de *Jeanne Dillon*, sa femme (1).

Jacques Lally fut proscrit pour la cause du Roi *Jacques II*, le 13 Février 1688. Les onze terres ou domaines, que son père lui avoit laissées, furent confisquées. Elles sont portées sous son nom, dans le registre des forfaitures (2), imprimé à Dublin, par acte du Parlement, comme renfermant deux mille quatre cents quatre-vingt huit arpens. L'année suivante, il fut Membre du Parlement d'Irlande, tenu à Dublin, le 7 Mai, en faveur de *Jacques II*. La liste de ce Parlement présente comme Députés du Comté de *Gallway*, les Chevaliers *Vlick Bourk* & *Gaultier Blake*, *Jacques Talbot de Mount-Talbot*,

---

(1) List of the Claims, fol. c. pag. 62, 64, 99, 124, 125, 158, 261, 340.
(2) Fol. 49.

H

Charles Daly de Dunſandale, Jacques Lally de Tullendally, & Guillaume Bourk de Corrowfrila (1).

Sir *Garret Lally*, proſcrit ainſi que ſon frère, paſſa en France, dans le Régiment du Lord Dillon, ſon couſin germain. Il s'y diſtingua par ſa bravoure, par ſon attachement à la diſcipline. Il fut fait Brigadier des armées du Roi, obtint les bontés ſpéciales de M. le Régent, & mérita, par l'excès de ſon zèle & de ſa fidélité pour le ſang de ſes Rois, d'être un objet particulier de haîne pour les Anglois. Le 18 Avril 1701, il épouſa Marie-Anne le Breſſac, d'une famille diſtinguée du Dauphiné (2), & qui étoit veuve en premières nôces du Marquis de Vivier.

C'eſt de ce mariage, que naquit à Romans, le 2 de Janvier 1702, THOMAS-ARTUR LALLY DE TOLENDAL, appellé d'abord *Sir Thomas Lally*, & connu depuis ſous le nom de *Comte de Lally*. Tel étoit le ſang qui couloit dans ſes veines, tels étoient les principes & les exemples d'honneur, de bravoure, de fidélité, qui

---

(1) The ſtate of Proteſtants, in Ireland under the late, King James's government, page 307.

(2) M. de Breſſac, Préſident à Mortier au Parlement de Grenoble, en eſt aujourd'hui le chef.

lui étoient tranſmis par une logue ſuite d'aïeux, auſſi attachés à la vertu, que ſenſibles à la gloire. De temps immémorial, leur cri avoit été *juſte & vaillant* (1); & ce cri, après avoir été leur leçon, devenoit toujours leur récompenſe.

Le jeune Lally de Tolendal a démontré dans toutes les actions de ſa vie, qu'il étoit digne de ſoutenir le nom illuſtre qui lui a été tranſmis, & que le ſouffle douloureux du malheur n'a pu parvenir à ternir.

___

(1) *Juſt and valiant.*

F I N.

www.ingramcontent.com/pod-product-compliance
Lightning Source LLC
LaVergne TN
LVHW021734080426
835510LV00010B/1253